Trabalho e Prosperidade

Francisco Jr

Trabalho e
Prosperidade

Copyright © Francisco de Assis Jr, 2007

Todos os direitos reservados:
Editora Otimismo Ltda
SIBS - Quadra 03 - Conjunto C - Lote 29
71736-303 Núcleo Bandeirante
Brasília - DF
Telefone: (61) 3386-0459
editoraotimismo@yahoo.com.br

1ª edição - 10.000 exemplares
2007

Assi848 Assis Jr, Francisco de
Trabalho e Prosperidade / Francisco de
Assis Jr. -- Brasília : Otimismo. 2007
160p.
ISBN 85-86524-34-4

1. Mensagens   I. Título
CDU 111

Índice

PALAVRAS INICIAIS	13
UM BOM DIA	17
É VOCÊ QUE FAZ O DIA	18
NÃO SE ABORREÇA COM A ROTINA	19
CONCENTRE-SE NO QUE FAZ	20
APROVEITE O FIM DE SEMANA	21
RESPEITE OS LIMITES	22
PONHA OS PENSAMENTOS POSITIVOS NO LUGAR DOS NEGATIVOS	23
O QUE E QUANDO FALAR	24
TENHA FÉ	25
CONTINUE FORTE	26
TENTE OUTRA VEZ	27
O SEU SILÊNCIO PODE SER A ARMA DO TIRANO	28
CONSERVE ORGANIZADO O LOCAL DE TRABALHO	29
ACREDITE	30
VÍCIOS E TRABALHO NÃO COMBINAM	31
COLABORE	32
VOCÊ RECEBE O QUE DÁ	33
METAS	34
VALE MAIS O DINHEIRO DO TRABALHO QUE O DINHEIRO FÁCIL	35
HORA DE TRABALHAR	36
VOCÊ NASCEU PARA PROGREDIR	37
APRECIE COMO AGEM OS ATLETAS	38
SEJA SOLIDÁRIO	39

INICIATIVA	40
APRENDA COM OS ERROS	41
O TRABALHO VENCE OBSTÁCULOS	42
CONCILIE CASA E TRABALHO	43
AGRADEÇA POR SEU DIA	44
A NATUREZA TRABALHA	45
COM ALEGRIA TRABALHA-SE MELHOR	46
NUNCA DESANIME	47
GERENCIE SEUS PENSAMENTOS	48
SEJA AMIGO DA VERDADE	49
O TRABALHO TRAZ BENEFÍCIOS	
MATERIAIS E IMATERIAIS	50
PROCURE MAIS	51
TUDO, EM EXCESSO, FAZ MAL	52
TRANSFORMAÇÕES	53
FAÇA AGORA E BEM FEITO	54
PASSO A PASSO	55
VONTADE	56
TRABALHAR É UMA VALIOSA	
OPORTUNIDADE	57
PENSE POSITIVAMENTE	58
SINTA-SE BEM NO TRABALHO	59
A TROCA	60
TRABALHE EM PAZ	61
TENHA OPINIÃO	62
EXERCITE-SE	63
VEJA MAIS ALÉM	64
NÃO TENHA MEDO DO TRABALHO	65
DIVERSIFIQUE	66
SUPERE-SE CONSTANTEMENTE	67

NÃO SE IRRITE	68
TRABALHE COM O CORAÇÃO	69
TENHA PACIÊNCIA COM PESSOAS	
EXALTADAS E NERVOSAS	70
PROBLEMAS	71
NÃO CRIE DESCULPAS	72
RESGUARDE A PUREZA DO SEU CORAÇÃO	73
ANALISE ANTES DE EMITIR JUÍZO	74
ÂNIMO	75
DINHEIRO NÃO COMPRA A PAZ	76
FACILITE AS COISAS PARA O SEU LADO	77
TENHA HUMANIDADE	78
O TRABALHO É PROFESSOR	79
NÃO DESISTA	80
ELOGIE	81
TUDO É CADENCIADO	82
VALORIZE O SEU TEMPO	83
VOCÊ É UMA PESSOA ESPECIAL, ACREDITE!	84
SEJA UMA PESSOA RECEPTIVA	85
DÊ ATENÇÃO	86
MOTIVAÇÃO	87
ACREDITE EM SI MESMO	88
ALIVIE A SUA MENTE DE TENSÕES	89
TRABALHAR É DIGNO	90
TRABALHAR É NATURAL	91
NÃO MENOSPREZE IDÉIAS NOVAS	92
TENHA ESPIRITUALIDADE	93
PROCURE APRENDER SEMPRE	94
NÃO TEMA AS CRÍTICAS	95
AJA COM DIPLOMACIA	96

NÃO REVIDE A AGRESSÃO RECEBIDA	97
É BOM MEDIR AS PALAVRAS	98
AGRADEÇA POR SEU DIA	99
AJUDA É FUNDAMENTAL	100
LEALDADE	101
VEJA O VALOR DAS COISAS QUE ESTÃO PERTO DE VOCÊ	102
VOCÊ NÃO FAZ IDÉIA DE ATÉ ONDE PODE CHEGAR COM O SEU PENSAMENTO POSITIVO	103
VOCÊ CONSEGUE	104
USE A DISCRIÇÃO	105
ESPECIALIZE-SE	106
QUANDO A OPORTUNIDADE CHEGAR, ESTEJA PREPARADO	107
NÃO ESMOREÇA	108
HONESTIDADE	109
SIMPLIFIQUE	110
REVEJA SEMPRE AS SOLUÇÕES	111
SEJA COMO A SEMENTE	112
AGRADE	113
APROVEITE A VIDA	114
PEQUENOS BARCOS	115
SER UM REFERENCIAL É IMPORTANTE	116
O SÁBIO CONFIA DESCONFIANDO	117
SEJA SENHOR DE SI	118
A IMAGINAÇÃO É O TEMPERO DA VIDA	119
É IMPORTANTE AMAR	120
OLHE COM OUTROS OLHOS	121
QUEIRA A PROSPERIDADE	122

RESPEITO É FUNDAMENTAL	123
SEJA FORTE	124
VOCÊ É IMPORTANTE	125
NÃO DESPERDICE O TEMPO	126
OCUPAR-SE SIM, PREOCUPAR-SE NÃO	127
AME-SE TAL COMO VOCÊ É	128
RESERVE UM TEMPO PARA VOCÊ	129
O TRABALHO É A MELHOR OCUPAÇÃO	130
VENHA, VEJA E VENÇA	131
A LIBERDADE É UMA CONQUISTA	132
FALE SOBRE SOLUÇÕES	133
COMO TOMAR DECISÕES COM CONVICÇÃO	134
EXERCÍCIO PARA A MENTE	135
O CERAMISTA	136
ETERNIDADE	138
OS CINCO AMIGOS	140
A FÓRMULA DO ACERTO	142
CULTIVE A TOLERÂNCIA	143
O SÁBIO E O APRENDIZ	144
COMUNIQUE-SE	146
O LENHADOR	148
CONSTRUA O SEU FUTURO	150
EM MEIO À CRISE VOCÊ CRESCE	151
TUDO PODE MELHORAR	152
A BOA SEMANA	154
AJA EM GRUPO	156
DISPOSIÇÃO PARA SER APRENDIZ	157
APRESENTE-SE BEM	158
SEJA AMIGO	160

Ao meu filho, Pedro Leonardo.

Palavras Iniciais

Riqueza não implica prosperidade. E tampouco pobreza é requisito para a felicidade ou o recebimento das graças divinas.

Há pessoas que possuem muitos bens materiais, mas são infelizes, pois buscam a satisfação fora de si, tratam com indiferença os outros e constroem complicada vida familiar. Ter dinheiro não é uma coisa má. O dinheiro, quando usado com responsabilidade social, em prol da família ou para dar suporte pessoal, é uma dádiva fantástica.

Algumas pessoas não precisam de dinheiro para ser feliz, como Francisco de Assis, filho de um rico comerciante de tecidos, nascido em 1182, em Assis, na Itália. Ele renunciou aos bens que possuía, saiu de casa sem levar nada — nem mesmo a roupa do corpo — e só ingeria os alimentos que lhe eram doados. Porém, acredito que nós ainda não temos a evolução que esse ser alcançou e que precisamos de suporte material para conseguir viver bem. Precisamos lembrar também que possuímos obrigações para com nossos familiares e que devemos pensar em seu bem-estar.

A prosperidade de que trato neste livro é a busca da satisfação e do conforto pessoal e familiar. Abrange a relação interpessoal no local de trabalho e fora dele.

Não é só do convívio com outras pessoas que este livro fala, em muitos pontos, ele aborda o modo como você cuida de você mesmo, pois o autoconhecimento é o que traz a segurança interna e, conseqüentemente, o autocontrole, indispensáveis a uma vida verdadeiramente plena.

O autor

Um Bom Dia

Antes de se deitar, prepare-se para "recarregar a bateria" durante o sono.

Ore!

Ao acordar, pense: **"UM BOM DIA ESTÁ COMEÇANDO"**, **"NADA DE MAL PODE ME ACONTECER"**, **"TENHO CONDIÇÕES PARA RESOLVER QUALQUER SITUAÇÃO"**, **"DEUS ME AMA"**.

Na hora do banho, sinta a água massagear o seu corpo, avivar-lhe, embelezá-lo e predispô-lo à boa luta.

Aprecie-se no espelho. Sinta-se bem e... não se atrase!

É bom o dia quando você está bem consigo mesmo.

É Você Que "Faz" O Seu Dia

Não seja dos que dizem "**QUE DIA FEIO, HORRÍVEL!**", se chove; "**QUE CALOR INFERNAL!**", se faz sol; "**QUE DIA SEM GRAÇA, QUERIA ESTAR EM CASA, DORMINDO...**", se nem chove, nem faz sol.

Não importa se o dia é chuvoso, ensolarado, nublado. Considere-o sempre proveitoso e útil.

Se pensar que o dia é mau, você sofre, a tarefa pesa, os colegas o aborrecem e o tempo demora a passar. Mas, com o pensamento positivo, as horas voam.

O dia é o que você pensa dele.

Não Se Aborreça com A Rotina

A rotina contribui para o seu aprimoramento pessoal e o bom rendimento do trabalho, pois o que dá certo deve ser repetido.

Sabendo aproveitá-la, a rotina traz saúde e paz de espírito.

O corpo se adapta muito bem aos bons hábitos. Então, estabeleça horários para dormir, acordar, fazer as refeições e trabalhar.

Seja alegre no dia-a-dia, para ser alegre sempre.

Não é por ter um trabalho rotineiro que você deve ser triste.

Concentre-se no Que Faz

A desconcentração, a dispersão, o desleixo prejudicam o rendimento.

A desconcentração pode ser interpretada como desinteresse e, muitas vezes, é desinteresse mesmo.

Ela também pode ser fruto da estafa ou de alguma preocupação específica como os problemas familiares.

Você é quem ganha, demonstrando boa vontade e devotamento nas suas tarefas.

Chega um dia em que você é recompensado por ser atento.

Aproveite O Fim de Semana

Um bom descanso é necessário ao corpo e à mente, fortalecendo você para o trabalho que vem depois.

Mas, não exagere no descanso. Ficar "plantado" diante da TV, empanturrar-se de comida e beber em demasia fazem você ficar desanimado e com "cara feia" na segunda-feira.

Planeje bem o seu descanso. Renove as energias. E não se esqueça de que faz bem andar, relaxar, respirar ar puro.

Energia renovada é trabalho mais agradável.

Respeite Os Limites

Controle-se. Trabalhando em exagero, você se estressa, adoece e prejudica até o próprio emprego.

Quando se cansar, olhe para os lados ou para cima, respire profundamente, movimente-se, comece uma conversa alegre com alguém ou vá tomar um cafezinho — sempre tentando esfriar a cabeça.

Domine-se. Equilibre-se. Não se force em demasia.

Os instantes de desafogo trazem conforto e também as melhores idéias, como aconteceu com Thomas Edson, o inventor da lâmpada.

Respeitar os próprios limites é preservar a saúde.

Ponha Os Pensamentos Positivos no Lugar dos Negativos

Por exemplo, se surgirem os pensamentos "QUE SERVIÇO CHATO!", "PODERIA AGORA ESTAR PASSEANDO...", "AS PESSOAS DAQUI SÃO SEM GRAÇA...", "QUERO ME LIBERTAR DISTO O MAIS BREVE POSSÍVEL!", "SÓ QUERO RECEBER O MEU SALÁRIO E NADA MAIS...", troque-os no mesmo instante por "COMO É BOM TER O MEU TRABALHO!", "OS MEUS COLEGAS SÃO ÓTIMOS!", "AS FÉRIAS SÃO MAIS GOSTOSAS QUANDO MERECIDAS!".

Fazendo assim, o negativo some, e você não sofre.

O seu emprego é o que você pensa dele.

O Que e Quando Falar

Comentários sobre futebol, clima, filme, novela, as tradicionais *lengalengas* só podem fazer parte do ambiente de trabalho na hora certa. Evite-os nos momentos que exigem maior atenção ou diante de estranhos.

Se você é uma pessoa extrovertida e não pode ficar quieta, use de sadia imaginação. Talvez o seu jeito seja a alegria dos colegas, mas veja como, quando e com quem fala.

Até mesmo os bons assuntos devem ser tratados com a pessoa certa e na hora adequada.

Tenha Fé

A crença em Deus e em si mesmo dá força e vigor para trabalhar e amar.

Ela tranca a porta do seu coração ao desânimo e à melancolia. Abre o entendimento para o que é bom e dá gosto à vida.

Ter fé faz ver o mundo como amigo, gostar da companhia dos outros, ser alegre até nas dificuldades e não falar mal dos companheiros, chefes ou subordinados.

Acredite em você.

A fé sustenta você em todos os momentos.

Continue Forte

Se você foi tratado com aspereza, deixado de lado, pressionado, ofendido, criticado, considere que amanhã tudo poderá ser diferente. Amanhã você talvez até receba um elogio.

Mas, mesmo hoje a paz virá a você. Compreenda, silencie, espere, ore a Deus — e tudo começará a mudar desde já.

Respire lenta e profundamente. Não desanime, erga a cabeça, recomece.

Os problemas existem para desenvolver sua capacidade e perseverança.

Tente Outra Vez

Se você fez errado, incompleto ou desajeitado, continue tentando acertar. Não desista. Ninguém faz tudo sempre perfeito.

Não se revolte, nem se deprecie, só porque errou. Você é capaz e tem grande valor pessoal. Reconheça isso, acredite poder fazer bem feito e refaça quantas vezes for preciso.

O que teria ocorrido, se os grandes inventores tivessem desistido de seus projetos nas primeiras tentativas? Ou, se o grande tenista desistisse de jogar, devido a um fundamento que necessitasse de um pouco mais de treino?

"É ERRANDO QUE SE APRENDE", diz um ditado popular.

O Seu Silêncio Pode Ser
A Arma do Tirano

O bom empregador estima os seus empregados e os resguarda. O mau os expõem a situações indesejáveis, desagradáveis e vexatórias, até mesmo em público.

Se você é humilhado no serviço, defenda-se. Deixe clara a sua desaprovação, mas sem retribuir a ofensa. Aconselhe-se com os colegas de serviço que são corretos e responsáveis. E, em casos extremos, tome as atitudes legais.

As situações difíceis revelam a grandeza da alma.

Conserve Organizado
o Local de Trabalho

Tenha gosto pelo que é útil e novo. Jogue fora as coisas imprestáveis.

Se trabalhar em escritório, por exemplo, livre-se de calendários, papéis e recados antigos, que já não servem para nada. Ponha no lixo o que já é do lixo.

Cultive a arrumação, a praticidade e a eficiência. Assim você ganha tempo e faz mais bem feito.

A organização no local de trabalho mostra organização na mente do trabalhador.

Acredite

Não dê atenção aos que lhe dizem: "Desista! Você não vai a lugar nenhum! Fique onde está!".

As pessoas que assim falam são negativistas e geralmente vivem em FUNÇÃO INFERIOR.

Isso acontece porque o pensamento negativo puxa para baixo, para o poço, para o lodo, para o nada.

Seja forte, faça o que seu coração pede: lute! Resista e aja com fé em Deus e em você. Creia nas suas qualidades e siga em direção ao que acha justo.

As pedras da estrada não impedem a caravana dos otimistas.

Vícios e Trabalho Não Combinam

O álcool e outras drogas atrapalham o raciocínio. Podem estragar uma amizade, um negócio, um serviço. Dão à pessoa uma impressão de fraqueza, desânimo, infelicidade. Fazem-na cometer erros bobos que mancham a sua imagem profissional.

Ninguém gosta de trabalhar ao lado de quem tem vícios. O fumo, então, incomoda demais.

Evite os vícios.

Cuidar de si mesmo é a primeira obrigação do ser humano.

Colabore

Deseje o bem do lugar onde trabalha. Seja um colaborador, não um traidor.

Alguns, de propósito, atrasam serviços, comprometem a produção, aumentam os gastos, atendem mal, afastam os fregueses ou utilizam fins escusos para benefício próprio — e isso é errado.

No que depender de você, defenda e fortaleça a empresa. Com isso você dá a ela condições para ajudá-lo.

Uma boa empresa é como uma casa que protege os seus habitantes das fúrias da natureza.

Você Recebe O Que Dá

Lembre-se do fenômeno causa e efeito.

Se quer receber um bom tratamento, seja cortês, elogie e respeite os outros. Eles lhe devolverão, de uma forma ou de outra, o que você lhes der.

Não espere ser bem tratado para depois tratar bem. Adiante-se, tome a iniciativa. É você quem tem a ganhar. E se o outro continuar de "cara amarrada", é porque enfrenta algum problema. Então, compreenda. Não guarde ódio.

Em toda parte, você colhe o que planta.

Metas

Você já imaginou o que é uma vida sem metas? Só de pensar você tem uma sensação de vazio, não é? Agora, imagine uma vida com objetivos realizados ...

Todo o mundo sonha e quer evoluir. Estabelecer metas é necessário. É o que move a todos. Portanto, decida-se e tente!

Não tema o fracasso, pois o medo é um grande obstáculo que o impede de agir, começar, recomeçar e concretizar.

As grandes pessoas só se destacam porque vencem os desafios, tanto os internos, quanto os externos.

Tenha metas. Veja o que pode ou deve fazer e... mãos à obra!

Lute! Quem não luta não sabe o que é vitória.

Vale Mais O Dinheiro Vindo do Trabalho do Que O Dinheiro "Fácil"

Tudo que vem do trabalho é suado, medido, merecido. Mesmo sendo pouco, vale muito.

Já as fortunas "fáceis" tendem a vir por água abaixo! É volátil o dinheiro que não vem acompanhado da responsabilidade e da experiência dos que o conquistam trabalhando.

Você aprende a administrar o dinheiro com base no esforço que despende para recebê-lo.

O trabalho dignifica. Hoje o *bon vivant* virou brega, perdeu o respeito.

O gosto pelo trabalho leva mais longe do que o gosto pelo dinheiro.

Hora de Trabalhar

Pense bem, o trabalho é uma necessidade básica da vida. Sentir-se útil é fundamental para uma existência equilibrada.

Não é à toa que, após se aposentar, há quem adoeça ou entre em depressão, mesmo com uma boa situação financeira.

O trabalho é vida, é como o ar que respiramos ou a água que bebemos.

Não deixe entrar em você o desânimo, nem se revolte com o que tem a fazer. Considere o quanto é importante o seu trabalho.

Por deixar de trabalhar, a enxada enferruja no campo e não serve para mais nada.

Você Nasceu para Progredir

Não pense que terá que permanecer estacionado, no mesmo emprego, na mesma atividade, pelo resto da vida.

A vida muda, melhora, assume novas facetas.

Trabalhe, estude, esforce-se. Certamente você vencerá e verá as suas qualidades saírem vitoriosas. Você ocupará melhores funções e ganhará um salário maior.

Acredite em si mesmo e em Deus.

Quem olha o amanhã com esperança faz o dia de hoje melhor.

Aprecie como
Agem Os Atletas

Nos 100 metros com barreiras, eles correm, saltam e superam desafios. A lição que nos dão é que acreditam no poder de transpor obstáculos!

Na natação, quebram recordes. A lição é que fazem o melhor, o máximo, o que os outros ainda não conseguiram!

No futebol, passam a bola uns para os outros, com classe. A lição é que a união é importante para a vitória!

Esforce-se. Você conquistará a sua medalha.

Seja Solidário

Ajude, no seu trabalho, quem necessita, quem está sobrecarregado, quem sofre de fraqueza, dor ou tem outros problemas.

Não tire o corpo fora!

E mesmo fora do ambiente de trabalho, procure auxiliar. O trabalho voluntário é sinal de bom caráter e faz você conquistar verdadeiras afeições.

Até quem se aposenta deveria continuar trabalhando em alguma coisa útil e prazerosa, pois isso dá novas forças e vontade de viver.

Quem ajuda sem pedir nada em troca fica com algo a receber de Deus e da vida.

Iniciativa

Não espere que cheguem ordens. Há coisas que estão à sua vista e que não precisam de ordens expressas para serem executadas.

Preveja situações e poupe-se de decepções. Se necessário, converse com seu superior.

Se você sempre aguarda uma ordem, a sua capacidade de agir por conta própria se reduz. E como crescer sem ter iniciativa própria?

Mostre a sua capacidade, a sua iniciativa.

Você se valoriza quando mostra do que é capaz.

Aprenda com Os Erros

Ninguém nasce perfeito. Quantas vezes a criança cai, antes de se firmar e andar?

Procure acertar, mas, se não fez como devia, não se desespere.

Os erros ajudam você a adquirir experiências, mostram o que não se deve fazer.

Eles são importantes no aprendizado, porque propiciam a fixação dos conhecimentos na mente.

Pior do que errar é recusar-se a fazer o certo.

O Trabalho Vence Obstáculos

É no trabalho que desaparece a dor que veio de casa, o aperto das dívidas, a mágoa da ofensa, o peso do remorso, a tristeza da perda de entes queridos e muitos outros sofrimentos.

Prove a sua força interior.

Mesmo em situações difíceis, se entregue ao trabalho, pois assim aliviará o espírito de pressões e dores, mantendo o otimismo e a esperança firmes.

O trabalho dá a você mais do que você dá a ele.

Concilie Casa e Trabalho

Às vezes é difícil trabalhar depois de conflitos domésticos.

Porém, não maltrate seus colegas de trabalho nem os sobrecarregue com suas mágoas. Eles também têm ou já tiveram problemas semelhantes.

Seja profissional. Concentre-se no trabalho.

Mas, se contar com verdadeira amizade ao seu lado, diga o que sofre, sem exagerar ou fazer-se de vítima.

Nada melhor do que o trabalho e um ombro amigo para esquecer as mágoas.

Agradeça Por Seu Dia

Faça, pelo menos, uma boa oração de manhã e outra ao dormir.

Agradeça por tudo, até pelos problemas!

O que você já produziu e as provações que vence são experiências que ajudam você.

A vida trabalha a seu favor. Siga com fé.

Ore.

Lembre que Deus olha por você nos bons e maus momentos.

Quem agradece fortalece o próprio caráter e desenvolve a humildade.

A Natureza Trabalha

O trabalho não apareceu com a vida moderna, ele sempre existiu. Faz parte da vida, da natureza.

O passarinho começa o dia sempre à mesma hora, come, procura gravetos, faz o ninho, alegra a mata com o seu canto e dorme com o pôr-do-sol. As formigas, unidas, constroem os seus "palácios". Os peixes, na piracema, lutam bravamente contra a correnteza e colocam os ovos na mesma região em que nasceram.

O trabalho é a natureza em ação.

"MEU PAI NÃO CESSA DE TRABALHAR ATÉ HOJE E TAMBÉM EU TRABALHO", disse Jesus.

Com Alegria
Trabalha-se Melhor

A tristeza desgasta. As obrigações pesam, quando desempenhadas com negativismo. E pesam mais ainda se há revolta, raiva ou outras emoções desequilibradas.

Com alegria, você poupa a mente e o corpo, e o serviço flui com mais facilidade e qualidade.

Alegre-se. Vença os bloqueios.

A alegria é o óleo no motor do trabalho.

Nunca Desanime

Há os que, por pouca coisa, dizem: "Não posso mais!", "Não agüento!", "Vou desistir!".

Não seja assim. Olhe para dentro de si e reconheça as suas capacidades.

ANIME-SE!

Com coragem, enfrente o que tiver de enfrentar!

Para tudo existe solução. Mas, ela, para aparecer, precisa do seu ânimo.

Os problemas não são intransponíveis, se você tem Deus.

Gerencie Seus Pensamentos

Separe as idéias prejudiciais das boas.

Distinga os pensamentos que alimentam a ira "Fazem tudo para me irritar!", a vingança "Ainda vão me pagar!", o desânimo "Não adianta fazer nada...", a inveja "Por que é que todos têm, e eu não tenho?" dos que trazem amor "GOSTO DE TODOS!", solidariedade "AJUDAREI QUEM PRECISAR!", esperança "VOU PROGREDIR!", compreensão "NÃO FIZERAM POR MAL...", determinação "DAREI O MELHOR DE MIM!".

Você é o maior beneficiado, quando cultiva bons pensamentos.

Seja Amigo da Verdade

Se lhe faltarem com a verdade, cedo ou tarde você vai perceber, e quem mentiu cairá em descrédito.

Se você errou, omitiu, falhou, faltou, assuma o que fez, encare os resultados e prometa a si mesmo agir corretamente no futuro.

Se você vir que não sabe ou não pode fazer alguma tarefa, avise. A verdade sempre tem boa aceitação.

É melhor a verdade que dói um pouco no presente do que a mentira que maltrata para sempre.

O Trabalho Traz Benefícios Materiais E Imateriais

É ele que lhe dá o pão de cada dia, o sustento do corpo. E é também ele que lhe dá o fortalecimento do caráter, o gosto pela vida saudável e a vontade de crescer sempre mais.

TRABALHO = MENTE SAUDÁVEL + CORPO SAUDÁVEL.

Quando você se sente útil, faz o seu cérebro convencer o seu corpo a querer viver mais e melhor.

A mente, ao trabalhar, cria saúde e a espalha pelo organismo.

Procure Mais

Quanto mais forte interiormente você é, mais quer mostrar o que pode fazer e quanto pode ser útil.

Você se sente mais importante quando passa a ter responsabilidades.

As responsabilidades lhe fornecem disposição para trabalhar e aumentar a sua crença em si e em Deus. Elas lhe dão maior chance de progredir financeiramente e em outros aspectos.

Não tenha receio de novos compromissos. Dê condições para a sua vontade mostrar até onde pode ir.

Em termos morais, assumir responsabilidades já é um grande progresso.

Tudo, em Excesso, Faz Mal

A água pode chegar a atrapalhar a digestão e a luz pode ofuscar.

Muita gente vai trabalhar passando mal do estômago (porque comeu demais), com sono (porque ficou acordado à toa), com ressaca (porque se excedeu no álcool) ou com estafa sexual.

Os excessos prejudicam o trabalho e o trabalhador. Deixam "moles" os que exageram na quota. Provocam mal-estar, falta de concentração e uma "agonia" que dura o dia inteiro.

Seja comedido e, se for preciso, peça a ajuda de um especialista para ajudá-lo a equilibrar-se.

O corpo tem limites "reais" que não devem ser ultrapassados.

Transformações

Não se apegue demasiadamente à sua função ou chefia, pois um dia as coisas podem mudar. A vida é dinâmica.

Se receber uma proposta pertinente, analise-a e assuma a responsabilidade. Ainda que seja pesada, confie que terá êxito.

Nada está acima da sua capacidade. Deus o pôs no mundo para se superar e melhorar sempre. Revele a sua capacidade.

Faça Agora e Bem Feito

Por que não utilizar o ataque?

Não fique só na defensiva "Se eu fizer, posso errar...", parta para o ataque "Vou fazer bem feito, e vai dar certo!".

Ande, tente e vá em frente! Chute a acomodação para escanteio!

Quem não avança logicamente fica para trás, mesmo com melhores conhecimentos e condições do que quem tem força de vontade. Porque este cai, mas levanta; pára, mas continua — e finalmente chega lá!

Marca o gol o jogador que chuta com mais confiança.

Passo a Passo

Qual foi o dia mais importante da sua vida? Você talvez diga: "Foi o dia do meu casamento!", "Foi o dia em que fui admitido no meu emprego!", "Foi o dia em que descobri Jesus!".

Pense! Se **todo dia** você agir acertadamente, você poderá ganhar muito mais e manter o que já conquistou...

Por isso, o dia mais importante de sua vida é **hoje** e o melhor momento é **agora**.

Com força de vontade e fé você constrói, sim, um lindo futuro.

É no dia de hoje que você cresce e prepara o amanhã!

Vontade

Faça com o coração!

Quando fizer algo, que seja com amor. Se for preparar uma comida, imagine que é para o seu filho; se for fabricar um sapato, imagine o seu pé dentro dele.

O que tem real valor é a intenção. As coisas feitas sem amor perdem a importância, o sentido.

Para uma vida plena, engaje-se, sinta o que faz.

O coração é o escultor das obras bem feitas.

Trabalhar É Uma
Valiosa Oportunidade

Há pessoas desempregadas que são grandes trabalhadoras e outras que têm emprego, mas não trabalham como deveriam.

Quem perde o emprego não perde a honra. Em algum momento o trabalho chega àquele a quem ele realmente pertence.

Quem trabalha sem vontade comete um crime: não dá bom exemplo aos filhos, retira das mães uma oportunidade de alimentar as suas crianças e do jovem a possibilidade de alcançar as suas metas.

O que para alguns é pouco para outros é a felicidade.

Pense Positivamente

Tenha uma boa visão do mundo.

A vida é uma conquista diária, em que nada acontece sem razão, ao acaso.

Muitas pessoas nascem em berço de ouro, conseguem tudo sem esforço e acabam desanimando de viver, sentindo-se infelizes, por não conhecerem o lado dinâmico da vida.

TRABALHE COM CONFIANÇA.

Não se abata com quedas, dificuldades, imprevistos. Se cair, levante-se. Seja otimista. Procure o lado bom das coisas.

O otimista não perde tempo com as coisas ruins, porque não quer ser ruim como elas.

Sinta-se Bem no Trabalho

Observe o seu trabalho. Ele o angustia? Ele o sufoca?

Pode ser que você esteja ansioso, achando que está desperdiçando o seu tempo ao trabalhar, que poderia estar sem fazer nada, passeando em algum lugar agradável...

Mas, você não perde tempo quando trabalha; pelo contrário, você **ganha** tempo. Fica mais hábil, inteligente, dinâmico, ativo. E contribui para edificar a estabilidade e a paz.

Concentre-se na sua tarefa e execute-a com capricho.

A pessoa que trabalha é útil e importante.

A Troca

Muitos servem a você, e você serve a muitos.

Você não trabalha só para o patrão, mas trabalha para a sociedade, para o mundo.

Olhe para o lado e pense... Quem o transporta ao trabalho? Quem faz o pão que você come? Quem leva a energia elétrica à sua casa? Quem compõe e toca as músicas que você escuta?

O trabalho tem asas. O fruto do seu trabalho ajuda a aumentar o bem-estar da sua comunidade.

Faça bem a sua parte, que o mundo ficará melhor.

Trabalhe em Paz

Não é possível, com as mãos sujas, fazer um trabalho que exija limpeza. Do mesmo modo, com ódio não se faz nada de bom.

Tal como você recebe de volta a calma, a paciência e a alegria que oferece aos outros, também o ódio que você espalha se volta contra você, de uma forma ou de outra.

Com pensamentos baixos, você se atormenta em vão, cria "dores de cabeça" ou até mesmo complicações mais sérias, como doenças cardíacas.

Em paz, você não corre o risco de ferir os outros e a si mesmo.

Cuidar das emoções é cuidar da paz.

Tenha Opinião

As pessoas verdadeiramente ativas e inteligentes analisam o que vem do coletivo, da massa, mas conservam intactas as suas convicções.

Não se deixe levar pela maré. A falta de opinião definida produz malefícios, faz você sofrer pelo que não lhe diz respeito e reclamar em coro com os outros, mesmo sem razão.

Você tem meios e recursos próprios para lutar e resolver problemas.

Deus nos dá o livre-arbítrio para que o usemos e encontremos a felicidade.

Exercite-se

Os exercícios físicos são úteis. Eles ajudam você no combate ao estresse, no alívio de preocupações e dão-lhe disposição para tudo.

Com a cabeça "carregada" e o corpo tenso, qualquer barulho é irritante.

Uma ótima coisa para se fazer todos os dias é uma caminhada. Mesmo uma de meia hora é o suficiente para fazer o corpo produzir substâncias que acalmam você e melhoram a sua saúde.

Até o universo está em contínuo movimento.

A atividade física alegre e sem exageros ajuda o corpo e a mente.

Veja Mais Além

Não tenha somente uma perspectiva materialista da vida. Enxergue também o lado espiritual, o teor divino que têm o trabalho e o companheirismo.

Faça seu trabalho com respeito e alegria, sem brincadeiras inconvenientes e sem querer "passar a perna" nos outros.

A ética, a educação e o amor verdadeiro cabem em todas as profissões e no coração de todos os trabalhadores.

A atividade laboral, quando bem exercida, é um caminho para Deus.

Não Tenha Medo do Trabalho

Quem diz "Não faço porque não quero!" tenta disfarçar o seu comodismo. E quem se acomoda perde a criatividade e a vontade de trabalhar.

Não ter medo é dispor-se a realizar, a atuar. Enfrente o que tiver de ser enfrentado. Se não conseguir na primeira vez, tente na próxima.

Você gostará de saborear a vitória sobre os desafios, sobre os problemas e adversidades.

As pessoas realmente bem-sucedidas não temem os desafios.

Diversifique

Quase sempre, há mais de uma maneira de fazer o mesmo serviço. Invente. Experimente.

Crie os meios para diversificar. Faça tudo o que for possível. Às vezes, um detalhe mínimo resulta em uma grande diferença.

Mas, não se estresse, se não fez exatamente como queria. Deixe que em tudo predomine o bom senso. E continue tentando.

Na natureza não existe uma folha igual à outra, e ninguém é igual a você.

Supere-se Constantemente

Para você conquistar o prazer de viver, sinta-se dinâmico, capaz, pronto a resolver os problemas e as dificuldades.

Aperfeiçoe-se como pessoa. Procure saber mais, equilibrar-se sempre e ter maior esperança no dia de amanhã — para ser um autêntico vencedor.

Quem se esforça para romper os próprios limites sente prazer em viver.

Não se Irrite

O trânsito pesado, o ar poluído, o barulho, a falta de educação das pessoas e outros fatores podem estragar o seu humor. **Podem**, mas não **devem**.

Mesmo no ardor da luta, não acumule irritações. Não seja uma "bomba ambulante", esperando que lhe acendam o estopim.

Quem se torna uma "bomba" sofre, constrange os outros e atrai antipatias.

Deixe de lado o que não pode ser mudado e não valorize os pequenos problemas.

Dominando-se, você domina o mundo.

Trabalhe com O Coração

Sua força interior é grande. Confie nela e nunca se deixe abater. É importante você ter espírito de pessoa vencedora.

Vamos lá, contagie o seu grupo, não deixe o marasmo chegar!

Quando você põe a sua força a funcionar, as crises e as dificuldades são superadas.

Tenha Paciência com As Pessoas Exaltadas e Nervosas

Quando alguém machucar você verbalmente, não se exalte, por mais difícil que isso lhe seja. Entenda que quem está no poço quer levar todos para baixo.

Se você for forte, a pessoa que o agrediu acabará ficando arrependida e levará toda a raiva com ela, não lhe provocando desgaste maior.

Cuide-se. Tenha compaixão pelo seu agressor e ore por ele.

Saber lidar com a raiva alheia é defender o coração de terrível vírus.

Problemas

Se você está enfrentando uma situação complicada em seu trabalho, não espere o bonde passar...

Analise a questão com carinho, sob todas as formas. Enumere as soluções possíveis. Imagine-se no futuro, tendo resolvido o problema.

Você é forte o suficiente para vencer quaisquer adversidades.

É na hora da dificuldade que o seu espírito cresce e se fortalece.

Não Crie Desculpas

O excesso de desculpas pode transformar-se em uma doença, a "desculpite".

A "desculpite" é filha da preguiça e tem os seguintes sintomas: moleza, pouca disposição para ajudar os companheiros, queda da assiduidade, diminuição da atenção.

Não veja problemas onde não há e seja honesto com você — isso lhe trará benefícios.

Quem se detém mais nas soluções do que nas dificuldades entra em paz com a própria consciência e vive feliz.

Resguarde a Pureza do seu Coração

Geralmente, vemos nos outros o que carregamos em nós mesmos.

Assim, quem costuma mentir tem dificuldade em acreditar que o outro é verdadeiro, o preguiçoso não admite ação vigorosa e contínua nos outros, e assim por diante.

Há até quem persiga o bom trabalhador, pensando que ele quer recompensas excessivas, e quem desdenhe aquele que se esforça, chamando-o de "puxa-saco".

Trabalhe — e deixe a cada um a responsabilidade pelos próprios atos.

Análise, Antes
de Emitir Juízo

Às vezes, o que parece ser ato mal-intencionado não o é.

Não responda agressivamente ao colega, pois assim você abre as portas para o ódio. É possível que a pessoa ofendida aguarde o momento oportuno para também ofender você.

A melhor saída para os desentendimentos é dialogar, compreender o próximo, ver quais foram os equívocos e consertá-los tanto quanto possível.

A compreensão e a tolerância atraem simpatias e dão alegrias a você.

Ânimo

Comece o dia com vontade, como se fosse o seu primeiro dia de trabalho.

A disposição para trabalhar é fundamental para a sua auto-estima.

Aja — e sairá com o "saldo positivo".

A água parada apodrece, mas, quando em movimento, seguindo seu curso, produz inúmeros benefícios.

Dinheiro Não Compra a Paz

Dê valor às pessoas com quem lida e não se fixe só no lucro que podem lhe trazer.

Ninguém contesta que podemos ganhar dinheiro, mas lembre-se das palavras de Jesus: "Amai o vosso próximo como a vós mesmos".

Não faça "dívidas morais".

A ganância suga o caráter, causando a cegueira para as coisas de real valor.

Até a sabedoria popular diz: "QUEM TUDO QUER TUDO PERDE".

Facilite as Coisas
para O Seu Lado

Quem se deixa abater com as dificuldades, adia para amanhã o que pode fazer hoje, acha que não faz tão bem como os outros, torna mais difícil o trabalho a ser feito.

Acredite que a sua mente é poderosa, que o seu coração é grande e que você pode transpor qualquer obstáculo.

O êxito é produto da sua crença.

Tenha Humanidade

Saiba escutar, compreenda a necessidade das pessoas e respeite-as tal como gostaria que respeitassem você.

O egoísta não progride porque desperta antipatia nos outros e gera oposição.

Respeite a "lei da cooperação no trabalho" e será amado pelos colegas. Isso funciona **mesmo**.

Ser uma pessoa humanitária atrai simpatias e aumenta as chances de ser feliz.

O Trabalho é Professor

O exercício ensina. O bom trabalhador aprende com o trabalho.

Quem perdoa a primeira vez perdoa mais facilmente nas vezes seguintes. Quem sorri hoje terá mais facilidade para sorrir em outras circunstâncias. Quem trata bem os outros no presente saberá fazê-lo melhor nas oportunidades vindouras.

Pratique coisas boas.

Até o amor precisa de exercício para aparecer.

Não Desista

Para solucionar problemas, use de determinação e paciência.

Às vezes, os imprevistos surgem à nossa frente como um grande muro de pedra a ser transposto. Mas, diante dele não perca a fé.

Você tudo pode resolver, se não se acomodar. Creia ser capaz de resolver o problema mais duro e vá à luta, chova ou faça sol.

Tenha calma. É usando pequenas quantidades de lama que o joão-de-barro constrói a sua casa.

Elogie

Expresse o seu reconhecimento pelo trabalho dos seus colegas. Acostume-se a fazer isso.

Todo o mundo precisa de elogios sinceros, o elogio anima a fazer sempre melhor e a trabalhar com mais satisfação.

O machado do lenhador necessita da pedra que o afia, o maratonista precisa da água que o dessedenta e o trabalhador carece do elogio que o estimula.

Tudo É Cadenciado

Veja o trabalho das formigas, das abelhas, de toda a natureza... Observe o seu próprio corpo, as batidas do seu coração e a sua respiração...

É importante adotar um ritmo adequado no lar, na escola, no trabalho.

Estabeleça um ritmo positivo para você e o mantenha.

Ter um bom ritmo de vida é garantia de permanente disposição e paz.

Valorize o seu Tempo

Empregue-o bem.

Vão-se as fortunas, as ilusões, mas o bem que você faz permanece para sempre.

Talvez os que receberam o seu benefício, o seu esforço, o seu trabalho não se lembrem de nada, mas você terá tudo bem guardado, mesmo que disso não se aperceba. Aquilo que lhe é precioso fica no seu subconsciente, guardado, preservado.

O tempo é seu grande amigo.

Lidar bem com o tempo é sinal de sabedoria.

Você É uma Pessoa Especial, **Acredite!**

Não pense jamais que você é apenas mais um na multidão ou que sua vida só vale por seu poder de compra.

Deus, que vê você, sabe o que você é, o que espera, o que sofre e o que deve receber.

Veja-se sem orgulho, mas confiante no seu valor.

Você se transforma nos pensamentos que cultiva continuamente.

Seja uma
Pessoa Receptiva

Evite o isolamento, o constante afastamento dos outros.

Quando excessivo, o isolamento pode levar à depressão.

Procure cativar as pessoas, respeitá-las, ouvi-las, aceitá-las e sorrir para elas. Leve em consideração o que dizem ou fazem, sem perder o seu jeito próprio de ser.

Você se sente melhor quando está na companhia de seus semelhantes.

O ser humano só é feliz quando vive em comunidade.

Dê Atenção

Um trabalhador estava há muitas horas sozinho, tentando resolver um problema.

Um colega, percebendo sua situação, aproxima-se, lança-lhe um olhar de simpatia e pergunta-lhe:

— Tudo bem?

Ao notar o interesse do outro, o trabalhador se sente encorajado, toma novas forças e responde:

— Sim, tudo bem!

Então, sempre que possível, dê um sorriso, um aperto de mão ou mesmo um tapinha nas costas dos outros, amistosamente. Isso é bom.

Um toque de amizade, dado na hora certa, tem grande poder.

Motivação

Perguntando-se a um empresário de grande sucesso, certa vez, qual era o perfil do seu melhor trabalhador, ele respondeu: "É o mais motivado, aquele que se interessa e se esforça. Esse eu elogio com orgulho e prazer".

Note-se que o empresário não se referiu ao seu funcionário mais inteligente ou ao mais forte — mas sim ao mais motivado.

A motivação faz você chegar onde deseja.

Acredite em Si Mesmo

A Dra. Bárbara McClintock, uma americana que, com 81 anos, ganhou o prêmio Nobel de Medicina, em 1982, era chamada de louca por vários colegas médicos.

Mas, ela certa vez comentou: "Diziam que eu era maluca, completamente maluca. Mas, quando *você* sabe que está certo, essas coisas não têm importância".

As palavras dela nos servem de lição. Não se abale com as opiniões alheias, quando tiver certeza de que está correto.

Siga sempre em frente. A confiança em si mesmo vale para tudo.

Alivie A Sua Mente de Tensões

Para trabalhar normalmente, a sua mente precisa estar desoprimida, livre, descansada.

Com a mente tensa, você não se lembra bem das coisas, não sabe como começar ou terminar algo.

Antes de tomar uma providência, procure despreocupar-se.

Para obter isso, faça uma respiração diafragmática, prendendo e soltando o ar lentamente, enquanto acredita que está ficando em boas condições para raciocinar. Depois, concentre-se no que quer fazer.

Mente descontraída é segurança no trabalho.

89

Trabalhar É Digno

Nunca se envergonhe do que faz.

Todo trabalho honesto é útil à coletividade, é digno, é um bem.

Qualquer pessoa, por mais rica que seja, não vive bem se não há quem colete o lixo, produza os seus alimentos ou faça a sua roupa.

Por isso, diga: "Encaro a lida com gosto, os outros precisam de mim!".

Quem sabe que é útil é alegre.

Você faz o trabalho, e o trabalho faz você ser gente.

Trabalhar É Natural

Observe as crianças brincando. Veja como são compenetradas, como vivem o momento presente, como aproveitam o agora. Quando são interrompidas, elas logo advertem: "Estamos brincando!".

Da mesma forma que as crianças se absorvem na sua fase lúdica, os adultos devem se envolver com o seu trabalho.

Aproveite a fase do trabalho. Por meio da sua atividade laboral você obtém sua realização como pessoa.

O adulto que não quer trabalhar é como a criança que não quer brincar — ambos estão fora de seu tempo.

Não Menospreze Idéias Novas

Muitos não acreditaram que o homem poderia voar e ridicularizaram quem defendia essa idéia. Depois, duvidaram que o homem fosse à lua — e o homem foi.

O que parece impossível hoje pode não o ser amanhã.

Você é capaz de descobrir de repente uma solução simples para um problema complexo.

Não tenha medo de tentar.

É pensando e agindo que se faz o progresso.

Tenha Espiritualidade

Ser religioso ajuda quem trabalha a ser bem sucedido.

A religião ensina qualidades importantes, como a honestidade e a perseverança.

Por meio da religião pode-se alcançar a fé, que é o bem mais valioso que se pode ter.

Mas, você deve agir e não ficar esperando que tudo caia do céu.

Acredite e faça — que Deus ajudará você.

Deus é invisível, mas você O vê dentro do seu próprio coração.

Procure Aprender Sempre

Lidar com máquinas, relacionar-se com pessoas, procurar novas funções, especializar-se no que já faz, tudo é importante!

Novos conhecimentos promovem progresso e cultura.

Demonstre interesse. Aprenda e cresça.

A disposição para aprender é estímulo para a ação e a prosperidade, em todos os sentidos.

Não Tema As Críticas

Quando você sofrer algum tipo de crítica quanto ao seu trabalho, observe, primeiro, se ela é procedente.

Caso seja, modifique o seu procedimento e conserte o erro. Mas, se não tiver consistência, perdoe e esqueça. E se o assunto necessitar de esclarecimento, faça-o e siga em frente.

Não valorize a crítica injusta. Ela apenas serve para demonstrar a insegurança de quem a faz.

Se você não se magoa, a crítica infundada é uma pedra jogada no vazio.

Aja com Diplomacia

Isso não quer dizer usar de lisonja, bajulação ou afetação.

Ser diplomata é ser educado, apresentar modos gentis, corteses.

Quando alguém fala de forma rude o que quer, gera revolta e antipatia. Mas, a pessoa que chega com bondade produz em quem a ouve receptividade e desejo de cooperar.

Tenha boas maneiras.

O progresso sorri para quem sabe como fazer bem as coisas.

Não Revide
A Agressão Recebida

Às vezes, uma frase que lhe parece uma ofensa está apenas sendo mal interpretada por você.

Mesmo nos momentos em que provocarem sua raiva, procure não magoar as pessoas, para depois não se arrepender. Aprenda a compreender e tolerar.

Se é você quem está com a razão, não humilhe o outro, para não perdê-la. Agindo com educação, você conquista o coração de quem errou.

A "educação cabe em qualquer lugar", diz o ditado.

É Bom Medir As Palavras

Quem fala sem pensar, cria problemas...

Não prometa — se não puder cumprir.

Não ofenda — se não quiser ser odiado.

Não minta — se não quiser ser desmoralizado.

Não dê opinião — se não tiver certeza.

Não critique — se não for para ajudar.

Falar sem responsabilidade é cavar buracos no caminho por onde se vai passar.

Agradeça por Seu Dia

Faça, pelo menos, uma boa oração de manhã e outra ao dormir.

Agradeça por tudo, até pelos problemas!

O que você já produziu e as provações que vence são experiências que ajudam você.

A vida trabalha a seu favor. Siga com fé. Ore.

Lembre que Deus olha por você nos bons e maus momentos.

Quem agradece fortalece o próprio caráter e desenvolve a humildade.

Ajuda É Fundamental

Não há vergonha em pedir ou aceitar ajuda. O que se deve evitar é o erro ou o sacrifício do tempo sem boa promessa de retorno.

Também não arranca pedaço auxiliar alguém em dificuldade.

É importante saber agradecer o favor recebido. Sorria, dê um tapinha nas costas de quem o ajudou, pois essa pessoa se sentirá bem com sua gratidão.

Cultive a cooperação. A gentileza sincera alegra o ambiente de trabalho.

Lealdade

É bom que os outros confiem em você. Para isso, seja leal.

A lealdade é uma das mais belas qualidades que há. Ela envolve honestidade, sinceridade e responsabilidade para honrar os compromissos assumidos.

Mas, seja leal primeiro consigo mesmo. Assim, você atrairá a confiança dos outros, que se sentirão bem com a sua presença e desejarão dispensar-lhe bom tratamento.

Quem é leal aos seus próprios ideais e às suas convicções possui forças até para suportar os erros dos outros, porque tem segurança e capacidade de compreensão.

Veja o Valor das Coisas que Estão Perto de Você

Muitas vezes, pensamos que o que é bom não está perto, está bem distante, até em outro país. Ou então acreditamos que o nosso vizinho tem uma vida muito melhor do que a nossa.

Mas, em todos os lugares existem não só dificuldades, como também coisas boas.

Repare em tudo o que há de bom dentro de você mesmo e alegre-se! Veja as suas qualidades e depois veja as de seus colegas.

Observe atentamente as vantagens do seu local de trabalho e anime-se!

Mudar pode ser bom, mas não há novidade permanente. Crie o hábito de gostar de como você é, de sua vida, do lugar onde está.

Você Não Faz Idéia de Até Onde Pode Chegar com O Seu Pensamento Positivo

Todos os grandes homens do mundo fizeram grande esforço na vida estudando, pesquisando, trabalhando responsavelmente ou dando exemplos de coragem e caráter em situações adversas.

Quem alcança destaque esforça-se acima da média. Solte a locomotiva que existe dentro de você!

Porque possuía o desejo de progresso, um humilde estudante alcançou o posto de presidente de uma grande empresa, tornando-se assim um homem muito rico e poderoso!

Você Consegue

As pedras no caminho podem parecer um pouco maiores, quando já se percorreu uma longa distância e o cansaço avultou-se.

Nessa hora, podemos ver quem é vitorioso e quem desiste. Quem é vitorioso diz "Sim, vamos lá!", quantas vezes for preciso, e os outros dizem "Não, chega! Não consigo mais!".

Quando tiver que fazer, faça. Peça a Deus força, que ele a fornecerá a você. Não desanime.

Terminar uma tarefa é tão importante quanto começá-la.

Use a Discrição

Muitas vezes se pode imaginar que falar alto, gargalhar e praticar outros atos que atraiam a atenção das pessoas desperta a simpatia alheia.

Existem pessoas que ficam em evidência naturalmente, mas é necessário distinguir a simpatia daquilo que atrapalha o ambiente de trabalho.

A melhor propaganda pessoal é a competência. Não é preciso se esconder, porém não procure forçar olhares.

Quem fica desfilando no meio da estrada morre atropelado!

Especialize-se

Ninguém consegue ter todos os conhecimentos do mundo.

Mas, você é capaz de aprender quase tudo da sua área, tornando-se uma pessoa bem conceituada e respeitada. Dessa forma, você pode obter um salário maior e mais estabilidade.

Quem é especializado em alguma área do conhecimento possui maiores chances no mercado de trabalho.

O que seria da cigarra que não soubesse cantar e do castor que não conseguisse fazer uma represa?

Quando A Oportunidade Chegar, Esteja Preparado

Foram estas as palavras do grande Presidente dos Estados Unidos da América do Norte, Abraham Lincoln, muito antes de chegar ao poder: "Eu estudei e me preparei, e talvez minha oportunidade chegue".

A oportunidade dele apareceu justamente porque *ele* já estava preparado. Se *ele* não estivesse, não saberia que era uma oportunidade para *ele*, e talvez outra pessoa a tivesse aproveitado.

O sucesso envolve competência e oportunidade.

Não Esmoreça

Muitas vezes injustiças ocorrem.

Outra pessoa recebeu a fama por um trabalho que você realizou? Você recebeu uma bronca sem razão? Você foi perseguido por ser o melhor? "Puxaram o seu tapete"? Transferiram você para outra seção, sem que você soubesse? Demitiram você sem justa causa?

Pare, olhe, lute!

Com dedicação e amor você supera o acontecido e faz dele um degrau para atingir maiores objetivos.

Não há injustiça que dure para sempre!

Honestidade

Uma "esperteza" pode trazer uma série de complicações.

Quem "passa a perna" nos outros terá que responder por seus atos em algum momento, mais cedo ou mais tarde.

Trabalhe honestamente até se aposentar, para não dever nada à sua consciência e não deixar pendências.

A única esperteza válida é o suor.

A raposa foi pega por esquecer de esconder o próprio rabo.

Simplifique

Mas, observe que simplificar não significa fazer um trabalho pela metade ou de qualquer jeito.

Procure fazer primeiro as tarefas mais simples e resolva uma coisa de cada vez.

É possível fazer várias coisas simultaneamente, mas isso é serviço para poucos gênios, como Mozart.

Vale lembrar que outros grandes compositores faziam uma composição por vez, como Bach, Verdi e Handel.

O que vale, sempre, são as coisas bem feitas.

Faça bem, simplificando.

Reveja Sempre as Soluções

A experiência ajuda muito na hora de encontrar "saídas" para os problemas, porém muitas vezes as soluções já estão ultrapassadas, arcaicas.

Estude as inovações tecnológicas, ouça opiniões de técnicos, converse com especialistas no assunto.

Não há nada de mais em se usar velhos atalhos, ainda mais quando se sabe onde estão as pedras; porém, é bom averiguar se existem novos caminhos, mais rápidos e mais eficientes.

Seja como a Semente

A semente parece algo sem valor, pequeno. Porém, ela representa a vida.

A semente cresce, ganha vasta folhagem e então dá os frutos, que servem a muitos.

De uma semente surgem várias outras sementes, que, por sua vez, também fornecem frutos, que serão alimento para um grande número de pessoas.

A semente vale o que ela produz.

Espelhe-se no exemplo da semente e produza alegria, esperança e bons exemplos, com o seu trabalho!

Agrade

Continue sorrindo e tratando bem todos os que estão à sua volta!

Ser educado com os colegas e com as pessoas em geral é mais do que uma qualidade, é um dever!

Quando se oferece um sorriso, recebe-se outro, e o trabalho flui com mais naturalidade e alegria.

O sorriso que você dá é um benefício que você faz à outra pessoa.

Só faz bem a si mesmo aquele que faz bem aos outros!

Aproveite a Vida

Faça as coisas boas plenamente.

Se puder sorrir, sorria com gosto! Se tiver filhos, dê-lhes todo o carinho do mundo, sem deixar de lado a boa criação. Se trabalhar, faça bem feito!

No fim de semana divirta-se, ande, respire ar puro, aprecie a natureza!

Cultive amizades!

Quem sabe viver não se arrepende de nada que deixou para trás!

Pequenos Barcos

Diz um provérbio chinês: "OS PEQUENOS BARCOS NÃO DEVEM AFASTAR-SE DA MARGEM".

Isso é verdade. Se um pequeno barco se aventurar no imenso mar, será engolido pelas forças da natureza.

Porém, os barcos pequenos, com novos pedaços de madeira, podem tornar-se barcos grandes.

O mesmo se dá com as pessoas. Ainda que comecem a vida ignorantes, dedicando-se ao estudo e ao conhecimento prático, podem crescer e se aventurar a ir cada vez mais longe.

Ser Um Referencial
É Importante

Quando, num grupo, existe uma pessoa forte, capaz de enfrentar problemas e adversidades, todos se fortalecem e adquirem confiança.

Na verdade, todas as pessoas possuem grande força interior, desde que cultivem a luz que se encontra em seus corações.

Já dizia Jesus: "NÃO SE ACENDE UMA CANDEIA PARA COLOCÁ-LA SOB O ALQUEIRE. ASSIM BRILHE A VOSSA LUZ DIANTE DOS HOMENS, PARA QUE VEJAM VOSSAS OBRAS".

O Sábio Confia Desconfiando

É certo o dito: "Se é muita a esmola, o santo desconfia!".

Existem a bajulação e o elogio sincero. O elogio sincero é desinteressado e agradável, enquanto a bajulação é forçada e pretende recompensa.

Certa vez a raposa disse à galinha, que estava em cima de um galho de árvore:

— Nossa, como as suas patas são graciosas! A sua plumagem, então, é a mais bonita que já encontrei! Desça aqui, um pouquinho, para eu ver melhor!...

Desconfiada, mas envaidecida por tantas palavras lisonjeiras, a galinha desceu — e foi devorada pela raposa.

Seja Senhor de Si

Controlar os impulsos e as tentações ajuda a obter sucesso profissional, porque quem é dono de si não se desvia dos seus objetivos, segue em frente e não pára.

A preguiça e o medo fazem estagnar. A dispersão e a volubilidade fazem com que sempre se corra atrás de um ideal ainda mais maravilhoso e, assim, desviam do objetivo.

Quem controla a si mesmo é um vencedor.

A Imaginação
É O Tempero da Vida

Muitas pessoas trabalham diretamente com a imaginação. Os artistas fazem as pessoas se emocionarem. Os inventores facilitam a vida de todo o mundo. Os cientistas estabelecem as bases do conhecimento e apontam novos caminhos. Os vendedores bolam novas vantagens para o comprador.

Mas, todos podem usar a imaginação a seu serviço, até nos trabalhos mais burocráticos.

Aqueles que estão sempre um passo à frente dos outros usam a imaginação.

É Importante Amar

Existem profissões que têm como pré-requisito o amor.

Quem trata de pessoas doentes, de gente muito nova, muito velha ou nascida com alguma necessidade especial tem como instrumento principal de trabalho o amor.

Todo trabalho que é realizado com amor vale mais.

Olhe com Outros Olhos

Procure entender o ponto de vista da outra pessoa, tente entender suas convicções e suas necessidades. Somente assim você poderá conseguir a sua cooperação.

Muitas vezes é impossível mudar a cabeça dos outros, mas sempre é possível procurar ver sob novo ângulo, sentir empatia e modificar o próprio comportamento.

Já dizia Jesus: "Não julgueis, para não serdes julgados".

Queira A Prosperidade

Alegre-se ao ver a conquista dos outros. Logo eles verão as suas.

A pessoa que tem espírito vitorioso não se incomoda de ver um colega seu prosperar, porque ela gosta da prosperidade.

Quem alimenta sentimento de inveja tem medo de não conseguir, a seu turno, o salário ou a promoção que o colega alcançou.

Confie. Você guarda dentro de si a prosperidade que vai atingir.

Respeito É Fundamental

Infelizmente, ainda hoje muitas pessoas sofrem discriminação no ambiente de trabalho.

A discriminação aparece muitas vezes disfarçada sob a forma de piada e de brincadeiras de mau gosto. Ela pode magoar e até desanimar e desestimular as pessoas.

Muitas vezes a competitividade promove o racismo e outras diversas formas de discriminação, porque alguns pensam que podem ser melhores do que os outros, devido a sua cor, sexo, procedência, aparência, etc.

Mas, o que importa é o esforço e a competência. Só quem se dedica pode ser verdadeiramente melhor.

Quem fala mal de quem não conhece acaba queimando a língua.

Seja Forte

O medo não é de todo um mal, pois pode evitar perigos e acidentes. Porém, não devemos ter medo de certas coisas...

Não tema ser um bom profissional, não tema responsabilidades. O desafio é o tônico da vida!

A fé é a maior armadura contra o medo. Deixe Deus entrar em seu coração nos momentos aflitivos.

"Não sentirei medo, Senhor, porque Tu estás comigo." (Salmo 23)

Você É Importante

Há três coisas que o trabalhador deve observar para trabalhar melhor e por mais tempo: a segurança, o ambiente e a carga horária.

Às vezes, por necessidade, as pessoas trabalham sem segurança, em situações perigosas.

Alguns trabalham em contato com produtos tóxicos, sem proteção.

E outros se submetem a uma carga horária absurda, comprometendo assim sua saúde e vida social.

O trabalhador tem o direito de exigir os equipamentos necessários à realização da sua tarefa e condições dignas para a execução do seu trabalho.

Não Desperdice O Tempo

Administre TODAS as horas do seu dia e estará cada vez mais perto das suas pretensões.

Os sábios utilizam bem grande parte do tempo e, assim, fazem muitas coisas úteis.

As banalidades roubam tempo. E o tempo desperdiçado é um pedaço da vida desperdiçado.

O motorista que se distrai com as listras da estrada não consegue chegar ao destino no horário previsto.

Ocupar-se, Sim;
Preocupar-se, Não

O homem ocupado demonstra saúde, disposição, interesse e alegria.

É bom ocupar a mente, estar em atividade, exercitar-se.

Mediante o trabalho objetivo e alegre, quando menos se espera, os desafios são superados.

Já se **preocupar** é ocupar sua mente com problemas **antes** do tempo.

Se o piloto, em vez de viver o momento da largada, cai absorto em outros pensamentos, acaba ficando para trás.

Ame-se Tal como Você É.

Aceite suas limitações, lute, mas não insista no caminho que contraria sua própria intuição.

Observe seus dons, trace suas aspirações. Não ignore seus sentimentos, nem seus mais íntimos sonhos. E não tente sonhar o sonho de outra pessoa. O que é satisfação para um nada é para outro.

Não é vergonha fazer o que se deseja. Aliás, quem gosta do que faz faz mais bem feito.

O urso, pelo seu tamanho, não pode pular de galho em galho, como o macaco, mas pode fazer muitas outras coisas impossíveis ao símio.

Reserve um Tempo para Você

Reservar-se um tempo não é desperdiçá-lo. É guardar os minutos que mais vão ajudá-lo.

Parar as atividades cinco minutos antes do almoço controla os batimentos cardíacos, o que é ideal para a digestão. Comer lentamente, mastigando bem os alimentos, também é benéfico para o organismo.

Para os digitadores são essenciais as pausas e os alongamentos, a fim de evitar lesões por esforço repetitivo.

Outros profissionais também necessitam de uma pausa, como por exemplo os que precisam de extrema concentração, como os tradutores simultâneos e os que fazem controle de qualidade.

Mas, a mais importante pausa é a oração, antes de dormir.

Pobre do lenhador que não pára nunca para amolar o machado...

O Trabalho É
A Melhor Ocupação

Goethe, o grande escritor germânico, escreveu: "É preferível cumprir a mais humilde tarefa do mundo que desprezar meia hora".

O trabalho é um excelente exercício mental. Treina o raciocínio e a atenção.

O trabalho habitual fornece outro benefício: deixa transparecer responsabilidade.

Execute também coisas novas.

Trabalhar faz bem.

A vovó já dizia: "**MENTE À TOA, OFICINA DO DIABO!**".

Venha, Veja e Vença

Seja qual for a situação, tenha sempre o pensamento de vitória.

As pessoas mais bem sucedidas são as que nunca desistem, as que fixam um objetivo e correm atrás dele.

Por isso garçons montam seus próprios restaurantes e vendedores, suas próprias lojas.

São muitos os casos em que funcionários abrem seus negócios, superando seus antigos patrões.

Mas, não é preciso sair do emprego para subir na vida. Basta mostrar a sua capacidade.

Para evoluir, ponha o agora a serviço do futuro.

A Liberdade É Uma Conquista

Alguns se julgam "presos ao trabalho". Mas, isso é um paradoxo, pois só é livre quem é auto-suficiente e possui o sentimento do dever cumprido.

Quem não trabalha perde o interesse pela diversão, sente-se inútil e muitas vezes adquire vícios.

Liberdade é depender de si mesmo e viver com a consciência limpa.

Seja "livre": trabalhe!

Mais vale o agricultor que trabalha pesado, aspirando o ar puro do campo, do que o fidalgo que fica preso em casa, comendo, dormindo e engordando.

Fale Sobre Soluções

Quem dá prioridade a falar sobre problemas, causa desânimo e antipatia.

É de praxe o "reclamador profissional" falar do trabalho dos outros, de problemas pessoais e problemas relacionados ao seu próprio trabalho, sem apontar saídas.

Outra prática do "reclamador" é não dar conselhos, mas dar "pitacos", ou seja, opiniões não pertinentes, indesejáveis e inúteis.

O trabalhador positivo respeita o colega, não reclama do que não tem solução e não enche a cabeça dos demais falando de problemas. Ele se concentra no que pode ser feito.

Falar de soluções pode virar um hábito. Cultive-o.

Como Tomar Decisões com Convicção

Preste atenção em como a sua decisão pode ajudar ou prejudicar as outras pessoas;

- consulte pessoas mais experientes;
- pesquise as alternativas possíveis e o que pode dar certo ou errado em cada uma delas;
- baseie-se em fatos concretos para fundamentar a sua opinião;
- seja sensato, evite idéias impopulares ou sem credibilidade.

Seja qual for o procedimento que você adotar para tomar sua decisão, peça a Deus para iluminar o seu caminho e procure não ferir ninguém.

Exercício para A Mente

(Se possível, peça para alguém ler para você.)

1) Fique em local agradável, de preferência com suave música, afrouxe as roupas, feche os olhos e controle a respiração, que deve ser profunda, lenta e ritmada.

2) Deixe a paz entrar em seu coração, sinta-se amado por Deus, pense nas belezas da vida, imagine-se leve, perdoe aos que o ofenderam, lembre as coisas boas que lhe aconteceram.

3) Mentalize um papel. Nele escreva as várias coisas que deseja melhorar na sua vida. Em seguida, imagine-se colocando-o com carinho em uma caixa. Depois, escreva as suas qualidades. Deixe um espaço para escrever mais e coloque o papel em cima de uma mesa. Pense que em breve voltará para aumentar a lista.

4) Agradeça a Deus por ter saúde, pela sua família, pelos seus colegas e pelo seu trabalho.

O Ceramista

Era um dia chuvoso. A menina teve que ficar na casa dos pais, pois o caminho para a escola tinha um longo pedaço de terra.

A mãe, vendo o desgosto da filha, que adorava estudar, disse:

- Filha, hoje vou-lhe ensinar uma lição muito importante.

- Qual é, mamãe?

- Está vendo o seu pai? O que ele está fazendo?

- Está preparando a argila para fazer um jarro.

Aos poucos, o ceramista vai dando forma à argila. Utilizando um sarilho com incrível destreza, ele começa a moldar um belo jarro.

A mãe concluiu:

- Sabe, filha, nascemos iguais à argila e poderíamos ficar assim, sem forma, para sempre. Mas, mediante o trabalho e a força de vontade, aperfeiçoamos o nosso ser.

Eternidade

O jovem comerciante e o avô, um velho artesão, estavam a descansar nas redes do quintal.

- Olhe o horizonte, que imensidão magnífica, meu neto...

- O homem não tem poderes mesmo... Por mais que se esforce, ele um dia morre - e não pode lutar contra isso. E, ao morrer, deixa todas essas belezas para trás.

Depois de pensar um pouco, o velho pegou um pedaço de madeira e começou a esculpi-lo. Mas, o rapaz teve que ir embora e não pôde acompanhar o trabalho.

Então o avô disse que queria visitar o jovem no dia seguinte. E assim o fez.

- Meu neto, receba este presente!

O rapaz ficou admirado com o lindo cavalo que o avô esculpiu.

- Obrigado. O seu presente vai enfeitar a loja por muito tempo.

Depois de dois meses, o artesão morreu. E o jovem aprendeu que o corpo vai, mas o fruto do trabalho permanece.

Ainda muitos anos após a morte do velho comerciante, ele foi lembrado não apenas por suas esculturas, mas principalmente pelo bom atendimento que havia prestado.

Os Cincos Amigos

Certa vez, um executivo perguntou a seu colega, Pedro, como ele havia conseguido ascender tão rapidamente na empresa em que trabalhava. Este respondeu: "Foi graças a cinco amigos meus".

1. O meu primeiro amigo é o **QUE**, pois eu preciso saber exatamente o que fazer, sem deixar margem a dúvidas.

2. O meu segundo amigo é o **QUEM**, por isso procuro saber o perfil das pessoas a quem estou destinando cada trabalho.

3. O terceiro amigo é o **COMO**, pois realizo a tarefa segundo as restrições e as preferências do contratante.

4. O quarto é o **Onde**, pois preciso saber para onde o fruto do trabalho vai, qual a cultura da região.

5. O quinto e último amigo é o **Quando**, pois é sempre bom lembrar que quem não cumpre os prazos não recebe...

Quem sabe mais pode mais.

A Fórmula do Acerto

Ingredientes:

- um quilo de conhecimento (pode ser adquirido no setor de pesquisa);
- duas xícaras de análise;
- uma colher de "desconfiômetro" (para não confundir teoria com realidade e evitar o sabor de queimado);
- uma gota do elixir "Existe-mais-de-uma-solução";
- uma pitada de superação e
- sete espíritos de equipe sem casca e caroço.

Preparo:

Com paciência, coloque os ingredientes, um a um, em uma forma untada com bastante ânimo. Em fogo brando, vá misturando bem, com muita temperança. No tempo previsto, veja se ficou **no ponto**.

Depois, é só servir acompanhado de grande satisfação.

Cultive a Tolerância

Muitos atos estúpidos podem ser evitados, se as pessoas cultivarem a sensatez.

O homem verdadeiramente sensato cria uma rotina mental que o faz enfrentar serenamente as situações-limite.

Então, em vez de pensar "Ele não presta!", pense "Ninguém é perfeito..."; em vez de pensar "Acabo com quem pisar na bola comigo!", pense "NADA PODE ME ABALAR!"; em vez de pensar "ELE QUIS ME PREJUDICAR!", pense "NÃO FOI POR QUERER...".

Um certo pai, ao encontrar um vulto à noite, atirou em sua própria filha, pensando que fosse um ladrão.

143

O Sábio e O Aprendiz

Há muito tempo, o sábio e o aprendiz foram à feira, escolher algumas frutas para o jantar.

O clima estava calmo, até que, em uma barraca, surgiu uma fervorosa discussão.

De longe o aprendiz achou que alguém tinha roubado um dente de alho ou outro produto, mas, chegando perto, viu que era uma discussão entre dois sócios, para mudar o posicionamento dos tomates.

O aprendiz ficou abismado com a falta de respeito de ambos e perguntou ao mestre:

— Não é muito ruim trabalhar assim?

—Sim, faz mal para corpo e para a mente.

— Como podemos promover a paz no trabalho?

— Devemos primeiramente promover a paz em nós mesmos.

— E como fazemos isso?

— **DEIXANDO QUE DEUS ENTRE EM NOSSOS CORAÇÕES!**

Comunique-se

Os seres humanos diferenciam-se dos animais por terem desenvolvido um código muito mais complexo de comunicação: **a fala**.

Ao longo dos anos, os seres humanos sofreram modificações em seus corpos físicos e adquiriram habilidades lingüísticas cada vez mais apuradas.

A língua se tornou a maior arma do homem, pois lhe permitiu organizar-se e trabalhar melhor do que os animais. Garantiu sua sobrevivência, apesar da dificuldade de arrumar comida, do ataque de predadores e das mudanças de clima (como as três grandes glaciações).

Hoje, dependemos ainda da comunicação para "sobreviver" no trabalho.

Conversamos para obter novas estratégias, mostrar soluções alternativas e nos defender de falsas acusações.

A conversa é uma habilidade essencial das pessoas.

O Lenhador

Certa vez um jovem lenhador viu-se obrigado a transpor uma montanha, para cortar um determinado tipo de madeira que não se encontrava mais do lado em que ele vivia.

Quando chegou à metade da montanha, ele achou que não conseguiria transpô-la. Mas, resolveu parar um pouco, fez um bom pensamento e conseguiu subir até perto do topo. Então fez nova pausa, respirou lentamente e continuou até chegar ao cume. Lá de cima, ele observou a beleza do vale e disse: "Valeu a pena o esforço".

De volta ao vale, cortou a madeira e com muito custo, chegou a casa, já de noite.

Dois dias depois recebeu mais uma encomenda daquele mesmo tipo de madeira e pôs-se a caminho novamente. Porém, só precisou parar uma vez durante o trajeto para se refazer. Logo a montanha já não lhe inspirava mais medo, pois estava mais forte e tinha melhorado sua capacidade de resistência.

Um certo tempo depois, o lenhador construiu sua casa e plantou as sementes daquela árvore em seu quintal, para garantir seu sustento na velhice.

Com seu esforço ele desenvolveu pulmão, pernas e mente, garantindo o próprio futuro.

Construa O Seu Futuro

Para "fazer seu futuro", siga os mesmos passos que se usam para a construção de uma casa.

1º Saiba o que quer - imagine o que deseja para o futuro, como você e sua família estarão.

2º Escolha o terreno - procure o melhor local para trabalhar, lute para conseguir o emprego desejado.

3º Construa - mostre o seu valor, trabalhe dia após dia com determinação.

4º Organize a casa - depois de pronta a construção, busque arrumar o que conquistou de modo seguro, para não ser surpreendido por um ladrão ou incêndio.

5º Viva a casa, preservando-a.

Em Meio À Crise, Você Cresce.

Sua capacidade aumenta quando as coisas não vão bem. Acredite, as coisas ficam mais fáceis quando se age.

Quando o mar está calmo muitas vezes há a acomodação, pequenas falhas não são notadas.

Acredite, continue em frente.

Quem se deixa abater, perde a força para lutar.

O trabalhador mostra seu valor na adversidade.

Nos momentos de crise é que se encontra força para evoluir.

Tudo Pode Melhorar

Veja a situação:

Na Inglaterra do século XVIII havia desemprego, baixos salários, exploração do trabalho infantil, falta de opções de lazer, carga de quinze horas diárias de trabalho (inclusive para mulheres e crianças), alto índice de acidentes de trabalho (os quais eram muitas vezes mortais), severas punições para erros ou faltas, alimentação deficiente, péssimas moradias, falta de saneamento básico, promiscuidade e pena de morte para quem fosse acusado de danificar uma máquina industrial.

Hoje o trabalhador inglês tem inúmeros benefícios conquistados.

A negociação é instrumento importante ao trabalhador.

A Boa Semana

Sete dias, eis a semana. Ela faz parte da rotina de bilhões de pessoas. Tire proveito dela!

Segunda-feira – começa a lida, o ritmo torna a se acelerar, é bom pensar no progresso que vem.

Terça-feira – o trabalho flui, a sua vontade vence.

Quarta-feira – meio da semana, dia feliz, momento de ver como o trabalho é importante para você, seus companheiros, sua vida.

Quinta-feira – falta um bom pedaço para trabalhar nesta semana, mas você tem muito fôlego.

Sexta-feira – é importante servir tanto quanto possível, para fechar a semana com chave de ouro:

Sábado – dia de olhar para trás, meditar, agradecer o que passou, pensar que ainda se pode melhorar.

Domingo – chega o tempo de descanso, refazimento, oração.

Aja em Grupo

Um grupo bem entrosado produz bons resultados.

Em grupo as habilidades de cada um adquirem muito mais força do que agindo individualmente.

A função, mesmo aparentemente secundária, é importante, se faltar um elemento, desestrutura-se o funcionamento do grupo. Mas, observe que as funções com mais responsabilidades e mais específicas têm uma remuneração maior, pois, são pessoas mais difíceis de serem substituídas. Lute por estes postos.

As andorinhas: andando em V, superam, em grande parte, resistência do ar.

Disposição para Ser Aprendiz

A boa-vontade para aprender é fundamental. Novas portas se abrem quando você sabe fazer algo bem.

Estude, aprimore-se, faça estágio.

Fique perto de técnicos e observe seu trabalho. Se possível, faça algum processo do serviço para ele.

Às vezes, pessoas trabalham de aprendiz, sem remuneração, para pegar experiência e pouco depois já adquirem capacidade de fazer muitas coisas.

Tenha humildade.

Até a mais formosa das aves teve que aprender a voar.

Apresente-se Bem

De acordo com sua remuneração, invista na aparência.

Se usar uniforme, mantenha-o limpo e bem cuidado,esteja penteado, com maquiagem sem exagero ou com a barba feita.

Quando o uniforme não for necessário, procure ajuda para se vestir bem, mas sem exageros para não comprometer grande parte do salário.

Procure promoções, não compre tudo que gosta, compre só **o que mais gosta**.

Você não se veste só para a empresa, nem só para os outros, veste-se para você mesmo.

Com uma boa aparência, você se sente mais seguro e as pessoas lhe dão mais atenção.

Seja Amigo

Procure amizade de seus colegas de trabalho, saiam juntos quando possível pelo menos uma vez ao mês.

Quando há amizade verdadeira há ajuda mútua.

A amizade faz uma pessoa entender melhor a outra, saber cobrar mais e colaborar na hora da dificuldade.

Porém saiba que certas coisas não devem ser comentadas, pois, isso pode vir contra você mais tarde.